AF440391

LE BIENHEUREUX PÈRE FOURIER

ET

LE PASTEUR OBERLIN,

NOTICE SUR LES ÉCOLES EN 1620 ET LES SALLES D'ASILE EN 1770,

PAR M. MALGRAS,

MEMBRE DE LA SOCIÉTÉ D'ÉMULATION DES VOSGES.

Sur deux points extrêmes du département des Vosges : à l'orient, sur le versant des montagnes qui séparent l'Alsace de la Lorraine ; à l'occident, dans les plaines fertiles qui avoisinent le comté de Vaudémont, vivaient à un siècle de distance deux hommes qui, par la nature de leur esprit, par leur humilité, leur abnégation, leur dévouement, ont mérité le nom de *bon père,* nom qui leur survit, et sous lequel on invoque la protection de l'un et le souvenir de l'autre. Je veux parler du bienheureux Pierre Fourier, dit *le bon père* de Mattaincourt, et du pasteur Oberlin, *le père* du Ban-de-la-Roche.

Tous deux furent la personnification du génie de la bienfaisance ; et c'est en fondant des écoles qu'ils commencèrent leur œuvre de régénération sociale. Tous deux ministres de la religion, ils en eurent la foi et le dévouement. Leur capacité, leurs relations avec les grands, avec des cours souveraines[1], leur auraient permis

[1] « Mon père, j'ai commandé à Gérard (son intendant) vous donner une misère pour vous ou pour vos religieuses, que l'on me mande n'être trop bien, dans le peu d'assistance que vous recevez, pour la pauvreté qui commence d'être par delà. Il me reste quelques hardes par delà, desquelles j'ordonne audit Gérard de les plustost faire vendre que de vous laisser dans la nécessité. Je vous prie de ne faire comme du passé, et de l'aviser de ce qu'il pourra faire pour vous assister.

« Si votre gloire ordinaire vous empêche d'en demander, du moins permettez au P. Terrel ou à vos religieuses de le faire. Cependant, il ne me faut pas oublier,

d'aspirer aux dignités de l'époque; mais l'un, Pierre Fourier, voulut rester simple curé de Mattaincourt; et l'autre, Oberlin, se contenta de l'humble titre de pasteur du Ban-de-la-Roche.

car nous sommes en une saison où nous avons plus à faire de votre souvenir en vos prières que jamais. Il n'y faut rien oublier, étant certain que nous devons attendre tout de Dieu et plus rien du monde. Bienheureux est celui qui en est démêlé, et en lieu où il n'y ait plus rien à faire que de dire son chapelet! J'espère que vous direz le vôtre pour moi, et que vous m'aimerez, étant de tout mon cœur, mon père, votre plus affectionné ami.

« CHARLES DE LORRAINE. »

« En 1818, dit M. de Berckheim, j'eus l'honneur de voir l'empereur Alexandre à Francfort. « Sire, dis-je à ce souverain, je vais me rendre dans les montagnes « de la chaîne des Vosges, pour y présenter mes hommages au patriarche de ces « contrées, au pasteur Oberlin. Votre Majesté est pénétrée d'une haute vérité, que « les bases de la civilisation doivent être assises sur le fondement de l'Évangile, « c'est ce que cet homme de bien a fait dans sa paroisse, en vivifiant l'éducation « du cœur et l'instruction de l'esprit par la religion de Jésus-Christ. »

« L'empereur me répondit : « M. Oberlin m'est connu, je sais que c'est un véri-« table ministre du Seigneur; dites-lui que je l'aime et que je le révère, et que « je me recommande à ses prières. »

Mais voici pour la gloire de Fourier un théâtre nouveau. Depuis longtemps la Lorraine s'était attiré la haine de la France. Le duc Charles IV, vrai héros de chevalerie, lève des troupes et marche contre Gustave-Adolphe, aussi attire-t-il sur lui les vengeances du cabinet français. Son pays devint l'effroyable théâtre de la guerre générale, d'une guerre qui finit par enlever sa nationalité à la Lorraine.

Dès l'an 1625, Fourier avait prédit tous ces malheurs; il essaya de les détourner de sa patrie. Consulté par le duc Charles, qui semblait avoir en lui une confiance illimitée, il conseilla l'abstention, parce qu'un duel entre la France et la Lorraine était trop inégal. Charles avait l'âme trop belliqueuse, son humeur bouillante l'entraîna malgré les conseils du sage Fourier.

La Lorraine devait évidemment succomber. Charles vit les Français entrer dans sa capitale; il se retira à Mirecourt, où il passa l'hiver. Pendant ce séjour, le duc appela plusieurs fois le bienheureux dans son conseil. Au moment d'adopter une résolution d'une importance extrême pour ses États et pour lui, il eut un jour avec Fourier, à Mirecourt, un entretien seul à seul, qui ne dura pas moins de sept heures. Ce fut alors que le duc de Lorraine prit une détermination grave : il abdiqua, par acte daté de Mirecourt, le 19 janvier 1634, en faveur du cardinal, prince Nicolas-François, son frère; mais cette abdication fut contestée. Le mariage de la princesse Claude avec le cardinal prince Nicolas-François suscita des embarras à Fourier, qui se retira à Gray, où il mourut, en 1640, à l'âge de soixante et seize ans.

L'Église catholique compte aujourd'hui le premier au nombre de ses bienheureux [1], et l'église protestante vénère Oberlin comme le plus doux, le plus humble et le plus bienfaisant des pasteurs évangéliques.

Je ne viens pas ici retracer leur vie comme ministres de la religion; d'autres l'ont fait avec beaucoup de talent dans des ouvrages justement renommés [2]. Je veux seulement détacher de leur œuvre ce qui concerne plus spécialement les écoles et les salles d'asile, et montrer en exemple l'influence exercée par ces deux hommes de bien, influence qui se perpétue à cette heure même sur les lieux où ils ont si honorablement parcouru leur glorieuse carrière.

Pierre Fourier, curé de Mattaincourt, dans les Vosges, naquit à Mirecourt, le 30 novembre 1564; il fit d'excellentes études à Pont-à-Mousson, sous la direction du père Jean Fourier, alors recteur de l'université de cette ville, le même Fourier qui venait de former François de Sales à Paris.

Le voisinage de l'abbaye de Chaumouzey, située à cinq lieues de Mirecourt, près d'Épinal, avait été pour Fourier une occasion de faire connaissance avec quelques chanoines de cette maison; il conçut à vingt-trois ans le désir de s'y retirer avec eux; il s'y adonna à l'étude de la théologie, et, le 25 juin 1589, il reçut le caractère sacré de la prêtrise.

On proposa à Pierre Fourier le choix entre trois bénéfices : Mattaincourt, Pont-à-Mousson et Nomeny. Ces deux dernières paroisses lui étaient offertes par le cardinal qui, déjà une fois, pour son diocèse, avait tenté la conquête de notre bienheureux comme l'une des perles de l'université fondée par son généreux père Charles III.

Il y avait de ce côté-là tout à gagner : les faveurs d'un grand

---

[1] Pierre Fourier fut béatifié le 10 janvier 1730, par une bulle du pape Benoît XIII.

[2] *Vie du bienheureux père Fourier,* par le P. Bédel, in-4°; *Mémoires du père d'Hangest,* 6 vol. in-4°; *Vie du bienheureux père Fourier,* par le P. Piart; *Histoire de Pierre Fourier,* par Chapia, 2 vol. in-8°; *Vie d'Oberlin,* par Stœber, in-8°; Strasbourg, 1831; *le Pasteur Oberlin,* par P. Merlin, in-8°; 1833.

évêque, prince du sang ducal, légat apostolique, faveurs acquises déjà et qu'il n'était besoin que d'entretenir.

Pont-à-Mousson offrait encore tous ses souvenirs au jeune écolier, au licencié en théologie; il retrouverait là des amis anciens et chers et, par-dessus tout, le père Jean Fourier dont il pourrait de nouveau mettre à profit les bons conseils. Nomeny présentait une riche prébende, un poste des plus honorables et des plus paisibles.

L'ambition n'eût jamais laissé pencher la balance du côté de Mattaincourt. Sa belle-mère d'ailleurs l'en détournait, parce que cette cure était si pauvre que le dernier curé était mort sans pouvoir payer ses dettes; c'était une des plus déréglées que l'on connût; la plus pénible enfin, et la moins honorable des trois proposées au choix. Il semble qu'il n'y avait pas à délibérer; Fourier ne délibéra pas non plus.

Cependant, pour ne rien conclure sans maturité et sans conseils, il vola vers son père en Dieu, vers son parent et ami fidèle, le recteur de Pont-à-Mousson. Ce digne homme lui parla d'un ton plein de franchise : « Si vous désirez, lui dit-il, des richesses et des honneurs, il faut prendre Pont-à-Mousson; si vous voulez avoir beaucoup de peine et pas de récompense temporelle, c'est ce que vous trouverez à Mattaincourt. » C'était assez dire, Mattaincourt était choisi. Là il vécut pauvre et s'imposant les plus dures privations [1].

---

[1] Toute sa nourriture était quelques légumes ou racines, le plus souvent des pois cuits à l'eau, des fruits et du pain ; un peu de sel était son grand assaisonnement et sa seule délicatesse. Souvent il passa des jours entiers sans prendre quoi que ce fût; il alla même parfois jusqu'à trois jours sans rien boire ni rien manger, se nourrissant uniquement des espèces augustes au saint sacrifice de la messe. Des religieux qui l'avaient accompagné dans un voyage à Nancy ont assuré que, pendant toute une semaine, il ne prit pour nourriture que deux potages : un le dimanche, à cause de la joie du jour du Seigneur, et l'autre le 9 novembre, jour de grande fête alors en Lorraine, celle de tous les saints évêques de Toul. Toujours il se mettait en voyage sans avoir pris aucune nourriture; aussi un jour tomba-t-il dans une telle défaillance, causée par la faim, qu'à l'entrée d'une maison il se vit forcé de demander un peu de pain pour l'amour de Dieu. Le saint homme se privait même de boire de l'eau à sa soif; étant allé de Mattaincourt à

Doué d'une haute intelligence des besoins du présent et de l'avenir, Fourier pensa que sa tâche ne serait point accomplie s'il ne mettait tous ses soins à l'éducation de la jeunesse et en particulier à celle des filles. Convaincu que l'ignorance, presque générale alors, était la source de la plus grande partie des vices, Fourier comprit qu'il rendrait à la religion et à la société un immense service, s'il pouvait inspirer à quelques âmes d'élite la résolution de se vouer gratuitement à l'instruction. Son premier soin fut de donner aux jeunes filles des institutrices capables. C'était pour son cœur une douleur poignante de voir ces pauvres enfants délaissées pour tout ce qui tient à l'instruction ou jetées pêle-mêle dans des écoles mixtes. L'enfance de la femme mérite plus de soins et d'égards; une société est malade lorsque l'éducation des filles y est négligée.

Fourier tenta deux œuvres à la fois, l'une pour l'éducation des garçons, l'autre pour celle des filles. Il forma une espèce d'école normale où il reçut plusieurs jeunes gens; mais le temps était en-

Poussay, un jour qu'il faisait une chaleur étouffante, il fut pris d'une violente altération; à peine put-il prononcer quelques paroles à ses filles, qu'il venait instruire dans les commencements de sa congrégation. Une d'entre elles se hâta de lui chercher de l'eau fraîche. « A la vérité, dit-il, voyla qui me feroit grand bien; mais puisque vous avés pris tant de peine pour l'aller quérir, il vaut mieux faire comme David et se mortifier, » et il épancha l'eau sur la terre.

Jamais le bon père ne s'endormait qu'abattu de lassitude, et il interrompait son repos, au premier réveil, pour retourner au travail.

Il passait jusqu'à trois nuits de suite sans fermer la paupière, et lorsque la plume lui tombait enfin de la main, et que sa tête appesantie ne pouvait plus se porter, il se laissait aller à l'assoupissement un quart d'heure; puis, à la première secousse qui le réveillait, il reprenait sa besogne et continuait son travail jusqu'au jour. Il ne faisait en rien plus grande dépense qu'en chandelles et en papier : aussi disait-il qu'on ne doit jamais les épargner à quelqu'un qui les veut bien employer. Il coucha, comme nous l'avons déjà dit, l'espace de quarante ans sur un banc de bois, large de deux pieds, ayant pour oreiller quelque gros livre relié, et son manteau pour toute couverture, et dans une chambre sans feu, même pendant les plus âpres rigueurs de l'hiver. Il dormait quelquefois aussi dans sa chaise d'osier; la durée de son sommeil ne dépassait jamais trois heures; c'était la nuit la plus longue qu'il se fût faite. Aussi, vaincu par la fatigue, il lui arrivait souvent de dormir debout, ou en marchant, ou quelquefois appuyé sur le premier objet qu'il rencontrait.

core loin où l'abbé de La Salle[1] devait fonder son ordre ; l'établissement de Fourier ne réussit pas au gré de ses désirs et son entreprise avorta ; elle eut néanmoins pour résultat de former une bonne école pour les jeunes garçons de Mattaincourt.

Mais ses projets ne s'évanouirent pas tous ; la Providence lui vint en aide, et il lui fut permis de réaliser pour les femmes la pensée féconde qu'il avait conçue.

Au mois d'octobre 1597, une jeune fille de sa paroisse, Alix Leclerc, vint le trouver et lui dit qu'elle voulait quitter le monde ; mais que, désirant se donner activement au salut du prochain, aucun des ordres existants ne la satisfaisait. Ce fut pour le *bon père* une révélation. Il avait besoin, pour agir sur les femmes, d'une Jeanne de Chantal, d'une Louise Legras : il la rencontra dans Alix Leclerc, dont le nom doit s'unir au sien comme les noms de ces deux saintes aux noms de François de Sales et de saint Vincent de Paul ;. comme celui de Louise Scheppler à celui d'Oberlin.

Quatre autres jeunes filles de Mattaincourt, Gaute André, Claude Chauvenel, Isabelle et Jeanne de Louvroir prirent la même résolution qu'Alix Leclerc. Elles se préparèrent à leur mission de dévouement dans l'abbaye de Poussay, sous la direction de Mmes de Frenel et d'Apremont. Celle-ci, touchée des vertus de ces saintes filles, leur acheta de ses deniers une maison à Mattaincourt, et elles purent y entrer le 22 juillet 1599. Une école gratuite de filles fut ainsi ouverte, qui devint le berceau de la congrégation. Aujourd'hui même cette école subsiste à côté d'un magnifique pensionnat établi dans un spacieux jardin.

Fourier eut donc la gloire de devancer les autres fondations de ce genre, puisque son ordre date de la fin du xvie siècle, et les autres du xviie.

Le zèle de ces pieuses filles opéra des miracles ; le nombre des prosélytes s'augmenta rapidement[2]. Le cardinal Charles de Lor-

---

[1] Le P. J. B. de La Salle, instituteur des frères des Écoles chrétiennes, né à Reims en 1651 et mort en 1719, commença à s'occuper de la fondation de son ordre en 1681.

[2] En 1602, le duc Charles III autorisa les écoles à Saint-Mihiel, et, en 1603,

raine, légat du Saint-Siége, approuva, le 8 décembre 1603, authentiquement leur congrégation avec les règlements préparés par le saint fondateur.

Il leur permit d'établir des maisons en tous les lieux du duché de Lorraine et de Bar[1].

En 1628, le pape Urbain VIII approuva l'institut de Pierre Fourier; il donna aux religieuses le titre de *chanoinesses régulières de Saint-Augustin de la congrégation de Notre-Dame*, et il autorisa le quatrième vœu solennel qui les consacre à l'instruction.

A dater de cette époque, notre infatigable bienfaiteur vit son œuvre s'agrandir; le ciel se plaisait à multiplier ses écoles.

Plusieurs villes d'Allemagne suivirent ce mouvement. Les bienfaits de Fourier pénétrèrent jusqu'au delà du Rhin.

Fourier voulut écrire lui-même les constitutions de la congrégation de Notre-Dame; elles sont admirables; tout y est prévu : devoirs des maîtresses, méthodes à suivre, travail des mains, etc.

La méthode d'enseignement n'est autre que la méthode simultanée adoptée aujourd'hui. Il en comprit le premier les avantages, et en obtint les plus heureux résultats.

ces institutrices se fixent à Nancy, sur la demande du cardinal, évêque de Metz et de Strasbourg.

[1] Le crédit que donna dans le public aux institutrices de Pierre Fourier l'approbation du cardinal-légat leur procura, dès l'année suivante, deux nouveaux établissements, l'un à Saint-Nicolas, l'autre à Pont-à-Mousson. Alix Leclerc en fut la supérieure. La même année, six maisons s'établissaient en France, et plus de cinquante existaient en 1640.

La ville de Metz en créa une en 1623; Châtel-sur-Moselle, Laon, Sainte-Menehould, suivirent le même exemple; d'autres s'établirent à Luxembourg, sous les auspices de la baronne de Wiltheim, de Marguerite de Busbach et de la demoiselle de Mansfeld. A la Mothe, il s'en éleva une en 1625; mais, à peine formée, elle fut détruite par les guerres entre la Lorraine et la France. A la prière de la duchesse douairière de Lorraine, Blamont eut aussi ses écoles, mais les institutrices furent bientôt obligées de quitter ce poste, lors du sac de cette ville par les soldats du duc de Weimar, l'allié de Richelieu.

En 1628, il y en eut six en différents lieux, à Nomeny, Longwy, Troyes, Bar-sur-Aube, Gorze et Remiremont.

Rien n'arrêtait les succès de la congrégation de Notre-Dame, le zèle des filles de Fourier pour l'instruction des enfants les faisait désirer de toutes parts.

Pour entretenir le feu sacré chez ses institutrices, Fourier leur écrivait lettres sur lettres [1]; nous en possédons deux volumes, toutes brûlantes de zèle, pleines d'une naïveté charmante et prouvant l'incontestable supériorité de son esprit.

Un des traits les plus saillants de sa correspondance, ce sont les idées élevées, larges et généreuses que le bienheureux père sut inspirer à ses enfants [2]. Le charitable fondateur trace lui-même le plan du bâtiment de ses écoles. Il indique ensuite les qualités que doivent avoir les institutrices. Ces dispositions prises, il aborde l'enseignement : « On devra enseigner la prière, le catéchisme, la haine du péché, l'amour de la vertu et des bonnes

[1] *Lettres choisies du P. Fourier,* 2 vol. in-12 ; Lunéville, 1757.

[2] Des maîtresses se sont établies à Verdun et se posent en rivales jalouses de ses filles. Voici le conseil que donne le saint fondateur :

« Laissez-les faire, ne dites rien au monde contre elles, vivez comme si vous ignoriez tout ce qu'elles disent et font contre vous ; tâchez de les devancer en humilité, patience, modestie, charité, pureté d'intention, diligence à fidèlement instruire vos petites à la piété. »

Il écrit à celles de Saint-Nicolas, à peu près sur le même sujet : « Ne vous étonnés pas de ces nouvelles escholes, laissés-les jeter un peu leur premier feu, il ne faut être marry que Notre Seigneur et le public soient servis en plus d'un lieu et par diverses sortes de personnes. »

Il dit encore à celles de Châlons : « Si d'autres religieuses vous devancent et de temps, en allant prendre les places devant vous, et de devoir, en instruisant mieux la jeunesse, en vivant plus saintement, au nom de Dieu ! il faut remercier la Providence. »

Il écrit à d'autres : « Il faut bien prendre garde de convoiter des établissemens en des lieux où sont d'autres ouvrières qui ont déjà pris pour leur tâche ce que nous poursuivons, puisqu'elles ont déjà les faucilles en main. »

Sa tolérance n'est pas moins admirable que son zèle ; écoutons-le sur les questions religieuses : « Si quelque fille de la religion prétendue réformée se trouve parmi les autres en vos escholes, traitez-la charitablement, ne permettez pas que les autres la molestent en lui faisant quelque fâcherie. Ne la sollicitez ouvertement à quitter son erreur et ne lui parlez contre sa religion. Surtout imprimés dans leur esprit ces choses : que les enfans doivent à leurs père et mère un grand amour, un grand respect, et à Dieu l'amour et l'obéissance de ses commandemens ; rien de cela ne peut offenser ou étranger ces pauvres esprits-là, et s'ils apprennent bien vous pourrez louer leur diligence, et leur donner pour prix, au lieu d'images, quelque papier doré, quelque belle plume à écrire ou autres choses semblables qu'ils ne puissent dédaigner. »

œuvres, les mœurs de chrétienne, la civilité et bienséance, à lire, à écrire, à calculer, à coudre et travailler en toutes sortes d'ouvrages manuels propres à des filles. »

Chacun de ces points de l'enseignement est l'objet d'instructions spéciales, pleines de bonhomie et de grandeur, de simplicité et de science.

Chose admirable! ce prêtre éminent descend aux plus minutieux détails de la leçon d'une classe, et il s'élève aux plus hauts développements de l'éducation [1].

[1] « La mère divisera en plusieurs bancs toutes les escholières, chaque banc sera composé de seize ou vingt au plus, qui seront instruites et recordées par une maîtresse. »

Viennent ensuite de nombreux et intéressants détails pédagogiques sur les diverses parties de l'enseignement : la religion, la lecture, l'écriture, le calcul, l'orthographe. Ce germe de nos méthodes modernes, déjà si développé dans l'esprit de Pierre Fourier, il y a deux siècles, est assurément une chose fort remarquable. Un pays plus vaste, une position plus haute, des circonstances plus favorables, ont seuls manqué à ce grand citoyen pour qu'il déployât son génie organisateur.

Pour tout ce qui concerne l'enseignement et le choix des maîtresses, les prescriptions sont empreintes de la plus grande sagesse. Un chapitre mérite une attention particulière : « Ce n'est pas assez de garder les escholières et de les bien enseigner, il faut encore les bien conduire et gouverner. » Le bienheureux père veut de l'autorité dans les maîtresses, « parce qu'elle est entièrement nécessaire dans le petit gouvernement des filles; » mais il veut « une autorité appuyée sur la douceur, la confiance, une affection toute pure et non sur la crainte; on ne doit pas, dans les châtiments à infliger aux enfans, employer une violence importune, mais de bonnes raisons et sages remontrances. »

« Les élèves apprendront leurs prières en répétant après la maîtresse tous les mots, les uns après les autres, une à une, deux à deux, ou quatre ou six ensemble... en les répétant souvent, en escoutant les réciter par d'autres, en les estudiant chacune seule ès livres. »

« Pour la lecture, les moindres diront deux ou trois lettres, et les répéteront cinq ou six fois; autres diront les syllabes une à une, et les mettront ensemble; autres diront les mots, et liront un verset, ou deux ou trois fois.

« Parfois la maîtresse en prendra quatre ou six à la fois, les plus égales en capacité, et les recordera toutes, l'une après l'autre; les autres cinq étant tout proche, escouteront tout, et regardant dans leurs heures les diront tout bas.

« Quelquefois on les exercera toutes ensemble sur quelque tableau..... Tant que faire se pourra, que toutes ayent chacune un mesme livre, pour y apprendre

Les règles tracées par Fourier ne sont pas autres que celles qui sont recommandées et appliquées aujourd'hui. Elles émanent d'un homme de bien, d'une âme chrétienne, honnête et pure, d'un pasteur dont l'humilité et l'austérité sont devenues proverbiales [1].

et lire toutes ensemble une mesme leçon, afin que, tandis que l'une d'elles prononcera la sienne à voix haute, toutes les autres l'entendant et la regardant dans leur livre, elles l'apprennent plus tost et plus parfaictement. »

Il va plus loin : « Une maîtresse se mettant à recorder fera venir les deux premières apariées de son banc; la plus advancée lira sa leçon, l'autre l'écoutera et la reprendra de toutes les fautes qu'elle y commettra.....

« Celle-ci ayant achevé sa leçon, l'autre lira la sienne, et y sera escoutée et reprise par sa compagne. Les deux premières estant rescordées, deux autres viendront, et puis deux autres, ainsi de suite. »

Pour l'écriture les maîtresses « escriront quelques lettres, ou syllabes, ou lignes, selon la capacité des escholières, lesquelles prendront leurs exemples et escriront à loisir..... Elles donneront, de temps en temps, tantost aux unes, tantost aux autres, tantost à toutes en commun, certaines règles générales..... Pendant qu'elles escriront, les maîtresses prendront garde si elles les observent. »

Pour l'orthographe, on apprendra d'abord les règles de la grammaire; puis on dictera « quatre ou cinq lignes, ou peu plus, ou peu moins; l'une répétera chaque mot fait à fait; le tout achevé, elle antéra (épellera) hautement et posément tous les mots de ce sien escript, et les autres regarderont les leurs et les corrigeront. »

Quant à l'arithmétique, « on représentera les chiffres et la valeur d'iceux et leur assemblage, par de petites sommes au commencement, et dans des plus grandes par après, sur une ardoise, ou planche, ou tableau, attaché en un lieu éminent de l'eschole, en sorte que toutes le puissent aysément voir, et y être instruites toutes ensemble. »

[1] Quoique sa chambre renfermât une cheminée, jamais il ne permit qu'on y fît du feu, même pendant les rigueurs de l'hiver : c'était brûler le bois des pauvres. Cependant il se relâchait de cette rigueur, par déférence ou par charité, s'il venait à recevoir quelque visite, ou dans le cas d'une maladie sérieuse, encore fallait-il qu'elle fût très-grave.

Un jour qu'il se trouvait souffrant, on lui en voulut allumer; le père, qui ne se croyait pas assez mal pour user d'une telle délicatesse, s'y opposa formellement, et aux instances il répondit : « Du feu, dans une chambre à part! mais cela convient à un moribond. » Et comme on insistait toujours, il protesta de s'en aller plutôt à la porte et au vent. On le pria d'accepter au moins une bonne couverture; il s'y refusa aussi constamment, et, peiné de l'espèce de violence qu'on prétendait lui faire, il s'écria que si on voulait le traiter avec tant de mollesse et le gâter ainsi, il jetterait toutes ces inutilités par la fenêtre, et irait se coucher sur le cimetière, qui était tout voisin.

Pendant les guerres de Lorraine de 1630 à 1636, Pierre Fourier joua un certain rôle à la cour de Charles IV. Ses conseils furent ou ne furent pas suivis; toujours est-il que des embarras lui furent suscités par la politique de Richelieu; pour s'y soustraire il se retira à Gray, où il mourut en 1640, à l'âge de soixante et seize ans.

L'année qui suivit la mort du saint fondateur, les religieuses s'établirent à Nevers, à Nemours, à Aoste, en Savoie, plus tard à Bruxelles, Saverne, Châteaudun, Corbeil, Coulommiers, et enfin, en 1645, à Compiègne et à Rouen.

Mais un deuil vint assombrir cette prospérité. Vingt-trois ans après la mort d'Alix Leclerc expira la seconde des filles de Fourier, la mère Gaute André, celle dont il disait : « Il faut considérer

Un autre jour, en rentrant de la campagne, il trouva du feu allumé dans sa cellule : il courut vite à l'eau pour l'éteindre, comme il n'en trouva pas sous sa main, il se mit à étouffer la flamme sous ses pieds, ce qui remplit sa petite chambre d'une fumée si épaisse qu'il n'y voyait plus goutte; il y demeura cependant, sans chercher même à donner une issue, ni par la porte, ni par la fenêtre, à cette fumée, qui était pour l'homme avide de mortification un parfum de délicieuse odeur.

Pour ses vêtements, jamais le bon père ne fit usage que d'une étoffe grossière, et jamais il ne souffrit que, dans la forme, on y oubliât la plus modeste simplicité. Quelques-unes de ses bonnes religieuses lui firent une fois présent d'une robe, brodée de quelques arrière-points sur les manches, et un peu jolie; il ne l'a pas plus tôt aperçue qu'il la jette dédaigneusement, comme un habit empesté, court à ses religieux, les mène à la hâte dans sa chambre, comme pour leur faire voir une monstruosité, il tourne et retourne la pauvre robe dans tous les sens, et couvre d'un ridicule parfait et l'œuvre et les mains qui l'ont travaillée.

L'obéissance de Pierre Fourier se tirait de l'humilité, base de toutes ses vertus : aucune autre ne fut chez lui portée si haut. C'était sa vertu distinctive : on a écrit de lui que c'était un saint *effrayant d'humilité.*

L'admirable simplicité du saint Vincent de Paul de la Lorraine lui gagnait tous les cœurs. Mme de Chantal disait qu'il suffisait d'avoir envisagé le pieux curé de Mattaincourt pour avoir de lui l'idée d'un saint, quand même on ne le connaîtrait pas tel. Le cardinal de Bérulle, qui l'avait vu une seule fois à Nancy, disait aussi : que si l'on voulait d'un seul coup d'œil contempler toutes les vertus réunies, il fallait aller en Lorraine et regarder le père de Mattaincourt. Le duc Charles IV l'affectionnait tellement qu'il lui écrivait, le 17 septembre 1639, de son camp décimé par la famine, pour lui dire qu'il avait donné à son intendant l'ordre de vendre quelques-unes de ses hardes, afin de ne pas le laisser, ainsi que ses institutrices, dans la nécessité.

la mère Gaute comme une fille sans laquelle il n'y aurait pas eu de congrégation. »

En effet, pendant cinquante ans, cette femme forte avait déployé un zèle infatigable pour l'instruction. La congrégation n'en poursuivit pas moins son œuvre. Elle ne cessa de s'étendre jusqu'au moment où éclata la révolution de 1789 : elle subit alors le sort commun.

Mais Fourier avait écrit : « Que tout aussitôt le danger passé, l'instruction recommencerait. » Cette prédiction se réalisa. Au milieu des obstacles, elle est parvenue à se rétablir ; et aujourd'hui, en 1865, trente-trois établissements de Notre-Dame[1], vingt en France et sept à l'étranger, continuent à donner l'éducation. Quelques-uns, notamment ceux qui sont connus à Paris sous le nom des Oiseaux et de l'Abbaye-aux-Bois, ont acquis une juste renommée. Ainsi l'œuvre du bienheureux père est là, toujours vivante.

Fourier obtint peu des honneurs humains, il les fuyait ; mais l'Église réservait à ce généreux apôtre une de ses plus belles récompenses : il fut béatifié en 1730. « La philosophie, a dit le comte Henri Boulay de la Meurthe, peut applaudir à cette palme accordée à un ministre des autels dont la vie fut consacrée à propager les lumières. »

Le nom de Boulay est aussi un nom vosgien ; il me rappelle un ami, et l'un des plus fervents propagateurs de l'enseignement populaire. Qu'il trouve ici un tribut d'hommages et une place à côté de Fourier et d'Oberlin, celui dont le buste décore aujourd'hui l'école de Chaumouzey, où naquit son père[2], non loin de l'abbaye où le bienheureux Fourier débuta dans la carrière du sacerdoce.

---

[1] Trois à Paris (l'Abbaye-aux-Bois, les Oiseaux, le couvent du Roule), Versailles, Étampes, Moulins, Caudebec, Honfleur, Orbie, Carentan, Valognes, Saint-Pierre, Cateau-Cambrésis, Reims, Châlons-sur-Marne, Verdun, Vezelize, Morsheim, Strasbourg, Mattaincourt, Offenbourg, Rastadt, Essen, Paderborn, Trèves, Luxembourg, Presbourg, Lunéville, Épinal.

[2] M. le comte Antoine-Jacques-Claude-Joseph Boulay de la Meurthe naquit à Chaumouzey, le 19 février 1761.

Étrange coïncidence : l'un naquit où vécut l'autre : il semble-
rait qu'un parfum d'enthousiasme pour la même cause se fût développé au contact des sentiers que leurs pieds ont foulés !

Nous avons vu ce que Fourier tenta, il y a deux siècles, pour
l'éducation des femmes. Voyons maintenant ce qu'Oberlin fit, il y
a cent ans, pour l'instruction et les salles d'asile.

Heureux rapprochement ! bel exemple donné, dans des condi-
tions diverses, aux esprits élevés que le temps leur a donné pour
successeurs !

Jean-Frédéric Oberlin naquit à Strasbourg, le 31 août 1740.
Son père, professeur au gymnase de cette ville, voulut que son
fils reçût les bienfaits d'une éducation soignée et les avantages
d'une solide instruction. Tout d'abord il ne rêvait qu'armes et
combats ; l'aspect d'un drapeau l'électrisait, et le bruit du canon
faisait vibrer son cœur.

Il se passionnait à la lecture de Plutarque, les héros d'Homère
le remplissaient d'enthousiasme. Ce penchant et ces goûts belli-
queux se dissipèrent peu à peu ; ils firent place à des pensées plus
austères.

S'oublier soi-même pour porter son affection et ses conseils
dans l'asile de la souffrance, vaincre la vivacité de son esprit, compter sur la force de son caractère pour tenter les importants travaux
qui sont réservés à un ministre de Dieu, telle s'opéra une trans-
formation subite dans les destinées du jeune Oberlin.

A vingt-sept ans, il renonça à une position avantageuse, celle
d'aumônier, pour se dévouer avec un zèle évangélique à l'instruction, au bonheur et à la prospérité de la contrée la plus pauvre
et la plus sauvage des Vosges. Nommé pasteur du Ban-de-la-Roche,
le 30 mars 1767, il fixa sa demeure à Waldersbach.

Le Ban-de-la-Roche est une contrée élevée qui fait partie du
canton de Schirmeck, et dont les habitations sont disséminées
dans les collines du Champ-de-Feu, système isolé de montagnes
détachées du bord oriental de la chaîne des Vosges.

Au commencement du règne de Louis XV, ce pays, montueux,
sauvage, ressemblait à un désert : pas de chemins, des roches es-
carpées, à peine un peu de terre végétale dans le recoin des val-

lées, quelques centaines d'habitants ignorants et misérables allant presque nus, et ne se nourrissant que de pommes de terre et de fruits sauvages. Tel est le tableau qu'en fait François de Neufchâteau à la Société royale d'agriculture, le 29 mars 1818.

C'est là le théâtre sur lequel devaient se dérouler les vertus d'Oberlin. Il choisit le Ban-de-la-Roche, comme Fourier choisit Mattaincourt. Un respectable pasteur, Stuber, y exerçait alors.

Appelé à Strasbourg il ne voulut pas quitter ses ouailles avant de s'être assuré d'un successeur digne, et capable de remplir la haute mission qui est imposée à un ministre de Dieu.

Il entend parler d'Oberlin, et un pressentiment lui dit que ce jeune théologien est le successeur qu'il lui faut. Il va le trouver, et leur entrevue est assez curieuse pour trouver place ici. Après avoir monté quelques marches d'escalier, Stuber entre dans une mansarde, il aperçoit au fond de la chambre un lit caché derrière des rideaux de papier : « Voilà du Ban-de-la-Roche, » dit Stuber. Il s'approche.

« Et que veut donc dire ce poêlon de fer suspendu au-dessus de la table? dit Stuber. — C'est ma cuisine, répond Oberlin. Je dîne à midi avec mes parents; mais, pour le soir, j'emporte un morceau de pain; à huit heures, je le mets dans ce poêlon avec un peu de sel et d'eau, je place la lampe dessous, et je continue à étudier : si vers dix ou onze heures la faim se fait sentir, je mange la soupe que j'ai faite moi-même, et elle me fait bien plus de plaisir que les mets les plus délicats. »

Stuber sourit et lui dit : « Vous êtes l'homme que je cherche, vous me succéderez au Ban-de-la-Roche. »

Oberlin accepte; sa démission d'aumônier est donnée, et, le 1er avril 1767, une ordonnance de Voyer d'Argenson, alors seigneur de ce comté, le nomme pasteur à Waldersbach; à vingt-sept ans, plein de l'ardeur et du feu de la jeunesse, il avait aussi, à un haut degré, la dignité et l'onction pastorale qui commandent le respect.

Homme d'élite, esprit libéral, humble et austère comme Fourier; comme lui aussi, il comprit que l'instruction étant la base de toute civilisation, elle devait être celle de son œuvre. Il savait que plus l'homme est éclairé, plus il est soumis aux commandements de Dieu et aux lois de l'État.

Aussi, grâce à son bienfaiteur, le Ban-de-la-Roche, aujourd'hui canton de Schirmeck, jouit à la fois d'une grande prospérité, et d'une heureuse obscurité dans nos annales criminelles et correctionnelles.

Il n'y avait à Waldersbach aucune maison d'école. On ne pouvait donner ce nom à une misérable baraque où logeait tantôt le maître d'école, tantôt le pâtre; il en fallut construire une. Sans ressource que sa foi, Oberlin fit un appel à quelques personnes généreuses : des secours lui vinrent de toutes parts; il acheta un terrain convenable en face de la chétive maison curiale et traça avec intelligence le plan d'une belle maison d'école [1]; un mobilier convenable y fut placé, et, pendant plus de trente ans, il en supporta les frais. En moins de dix ans, de 1773 à 1779, quatre écoles furent établies dans cette âpre contrée [2].

Les maisons construites, il fallait les pourvoir de maîtres. Oberlin sut les former et les choisir, en éloignant les sujets paresseux, ignorants et de peu de capacité, pour les remplacer par des hommes dignes et capables d'assurer à des générations entières les bienfaits d'une instruction solide.

Heureuse influence de l'exemple et de la tradition! Ce canton, à un siècle de distance, offre encore aujourd'hui un personnel d'instituteurs remarquables et tenant un des premiers rangs dans le département.

[1] Mais si les obstacles s'aplanissaient au dehors, Oberlin en vit naître au sein de sa paroisse, dans ce même Waldersbach auquel cette construction devait profiter. Les bourgeois de ce village, craignant qu'on ne les forçât à supporter, du moins en partie, la charge de cette école, mirent tout en œuvre pour s'y opposer. Il fallut que, par un écrit, Oberlin et Stuber s'engageassent à entreprendre ladite construction sans qu'il en coûtât rien aux habitants, ni en contributions ni en corvées. (25 novembre 1768.)

[2] En 1773 une deuxième école fut établie, mais ses paroissiens, revenus de leur erreur, s'empressèrent de contribuer à sa construction en amenant les pierres et les bois nécessaires. Une troisième fut bâtie à Belmont en 1779. Ce fut Oberlin qui en fit les frais. Enfin une quatrième s'établit à Solsbach, aux frais d'un M. Bernard, qui ne voulut pas rester en dessous de l'exemple donné par le bienfaiteur du Ban-de-la-Roche.

Oberlin s'occupa ensuite de la rédaction d'un règlement[1], où l'on puiserait encore aujourd'hui d'utiles enseignements. Tout y

[1] « Chaque maître d'école tiendra une liste de conduite, où il marquera les bonnes et mauvaises actions de ses élèves, les mauvaises avec de l'encre noire, les bonnes avec de la rouge, les excellentes avec de la verte.

« Les fautes légères seront marquées par un point (.), comme : inadvertance, négligence, grossièreté, patois à l'école, pétulance un peu blâmable.

« Les fautes graves seront marquées d'un trait (—), comme : impertinence, négligence, désobéissance, mensonge, négligence criminelle de la garde à faire sa commission, malice.

« De même, chaque bonne action sera marquée d'un point (.) ou d'un trait (—), selon sa valeur, avec de l'encre rouge ou verte, selon sa moralité, et comme elle le semblera mériter au maître d'école. Ainsi : diligence, conduite réglée, douceur, politesse, vitesse en faisant sa commission, obéissance exacte et distinguée, etc.

« On commettra parmi les écoliers de chaque village, des préposés, un juré, un ancien, des pelotonniers, des gardes.

« Les gardes seront relevés de huit à huit jours ; ils auront un œil attentif sur tout ce qui se passe, en avertiront, selon qu'il leur aura été commandé, soit les pelotonniers, soit les anciens ou jurés, soit le maître d'école lui-même ; ils ne manqueront pas de se trouver à l'église aux bancs de son village, ils se trouveront aux enterrements dans leurs villages ; on les emploiera à l'école même à faire la revue des livres, des mains, etc.

« Les pelotonniers sont les subdélégués de l'ancien et du juré, établis sur une demi-douzaine ou environ, choisis ou confirmés au commencement de chaque quartier ; ils veilleront sur la conduite de leur peloton, ils commanderont sous le juré, rangeront les leurs aux convois funèbres.

« Les écoliers qui ne peuvent se trouver, soit à l'école, soit à l'examen, en avertiront leur pelotonnier.

« Le juré sera élu ou confirmé après chaque promotion, ou de six en six mois ; il commandera les gardes, veillera sur eux, commandera les écoliers au sortir de l'école, aux enterrements, corvées d'écoliers, bref, toutes les fois qu'ils doivent comparaître en corps ; les pelotonniers sont ses subdélégués, ses sergents et ses caporaux.

« L'ancien est élu ou confirmé de six mois en six mois ; il veillera sur la conduite, en tant que morale, des jurés, pelotonniers, gardes et de tous les particuliers ; lorsque ses avertissements et exhortations ne seront pas écoutés, il en avertira le maître d'école ; c'est à lui que doivent s'adresser les pelotonniers, lorsqu'ils ont des plaintes contre quelqu'un de leur peloton, etc. »

Le catalogue eut pour titre : *Catalogue des braves.* Ceux qui y furent les plus marqués reçurent des prix à la fin de l'année. Ces prix consistaient en crayons,

est prévu : règles de conduite, discipline, enseignement pour les plus jeunes élèves, pour les moyens, pour les adultes.

règles, cartes géographiques, couleurs, pinceaux, livres et autres objets utiles à la jeunesse.

Quant aux *objets d'enseignement*, voici ce que nous trouvons dans un in-folio manuscrit d'Oberlin, intitulé : *Écoles.*

ÉCOLES DES PLUS JEUNES OU COMMENÇANTS.

Première classe. Apprendre aux enfants à déposer les mauvaises habitudes, à acquérir l'habitude de l'obéissance, de la sincérité, de la débonnaireté, du bon ordre, de la bienfaisance, de la bonne tenue, etc. à connaître les lettres minuscules, à épeler sans livre, à bien prononcer les syllabes et mots difficiles, et à bien poser le ton en récitant; la dénomination française juste des choses qu'on leur montre; les premières notions de la morale et de la religion.

Deuxième classe. Répéter et porter plus loin les connaissances acquises; apprendre à épeler dans le livre et à connaître les lettres majuscules; à connaître les facultés de l'âme, à saisir les idées des saisons et du temps, des productions de la terre, des animaux, des hommes, de leur nourriture, habillements, logements des ouvriers, de leur salaire, de la propriété, donation, échange, héritage, de l'argent, de l'achat, des emprunts, des dettes, des intérêts, des familles, villages, bourgs, villes; des procès et contestations, des magistrats, des états et du bien public; des pays et peuples voisins et éloignés; du cours de la nature; de la puissance, bonté et sagesse de Dieu; de l'immortalité de l'âme, des vertus et vices, du chemin du bonheur par l'imitation de Dieu et suivant les mouvements de notre conscience, et d'après l'exemple de Jésus-Christ; à compter jusqu'à 1000 et à reculons, et à se servir du livre d'arithmétique, à faire l'addition et la soustraction jusqu'à 100.

Troisième classe. Entretenir les connaissances acquises jusque-là; apprendre à lire un livre qu'on a fait connaître et entendre par parties aux écoliers, et cela jusqu'à ce qu'ils puissent le lire couramment, écrire lisiblement, nettement et avec symétrie les lettres minuscules, écrire les dix chiffres par lignes et par colonnes différemment rangées; additionner, soustraire, multiplier, diviser des quantités abstraites, et cela sur la table noire.

ÉCOLES MOYENNES.

Quatrième classe. Entretenir les notions acquises et répéter les exercices précédents; exercice de lecture, expliquer les préliminaires de la géographie; ce que c'est qu'*île, détroit, ports de mer, promontoires,* etc. *forteresse, château, péage;* la différence des gouvernements, des langues, des religions, donner le deuxième cours d'arithmétique, par les fractions, jusqu'à la règle de trois pour les quantités abstraites; calligraphie, second degré, enseigner les lettres allemandes; le chant d'après les notes.

On suivait dans ces écoles la méthode simultanée. Mais là ne devait pas se borner la sollicitude du jeune pasteur. S'il avait

Cinquième classe. Répéter le précédent, traiter les quatre règles du calcul par quantités positives; traiter les cartes géographiques avec le texte; lire l'allemand sans épeler; continuer le chant.

ÉCOLES DES ADULTES.

Septième classe. Répétition des exercices et des classes précédentes, l'histoire naturelle, surtout la botanique; apprendre à écrire des obligations, quittances, comptes, etc. continuer le chant.

Huitième classe. Répétition comme ci-dessus, l'arithmétique pratique jusqu'à la règle de trois, la géographie plus détaillée, les époques les plus remarquables de l'histoire universelle; traduire de bouche l'allemand en français; continuer le chant.

Neuvième classe. Répétition, les principes de l'agriculture, de la greffe et les règles de santé, les premières notions de la géométrie, de la physique, de l'astronomie; faire des traductions, par écrit, du français en allemand en caractères français; composer des lettres, des quittances, comptes ou mémoires d'ouvriers: la religion avec ses preuves; une idée générale et succincte des sciences et des arts, le chant, la taille des plumes.

Des leçons particulières furent consacrées au dessin et à la peinture, surtout pendant les longues soirées d'hiver.

Oberlin fournissait le luminaire, le bois de chauffage et tous les ustensiles. Il avait commencé à donner lui-même des lettres sur cette partie à trois de ses maîtres d'école.

Quant à la peinture, nous avons sous les yeux une lettre adressée par Oberlin aux maîtres d'écoles, que nous allons communiquer à nos lecteurs. La voici :

« Messieurs les Régents,

« Presque tous les écoliers ne veulent peindre qu'avec des couleurs brillantes. Cependant il y a peu de couleurs brillantes dans la nature : les rochers, les troncs des arbres, les maisons, les terres, les meubles et ustensiles, etc. n'ont point de couleurs brillantes. S'il y a des écoliers qui soient assez sages pour prendre la nature pour modèle et employer les couleurs mates et non brillantes, conformément à la nature, je prie Messieurs les Régents de me faire parvenir leurs cahiers de dessin et de peinture, etc. »

Sans doute Oberlin s'était proposé de donner quelques récompenses à ces écoliers sages.

Parmi les livres réimprimés à l'usage du Ban-de-la-Roche, nous citons le *Coup d'œil sur la Nature*, et l'*Ami des Enfants*, par Rochow.

Qu'on jette encore un coup d'œil sur le vaste tableau que nous venons de présenter. C'est Oberlin qui fut l'âme de toutes ces branches d'instruction, c'est lui

pourvu à l'instruction des nombreux enfants de sa paroisse, à celle des adultes, il fallait faire la part des plus jeunes. Pressentant les

qui les vivifiait; c'est lui qui avait prescrit le plan de ces excellentes institutions; c'est lui enfin qui en guidait l'exécution, depuis la première trace d'une lettre jusqu'à cette science sublime, qui s'occupe

> Du spectacle imposant de ces globes divers,
> Égarés dans le vide et peuplant l'univers,
> Des soleils que Dieu même a placés sur nos têtes
> Pour inviter la terre à l'éclat de ses fêtes.
>
> (A. Montémont, *Lettres sur l'Astronomie*, Lettre première.)

Nous allons placer ici un tableau d'enseignement, suivi de quelques notes qui nous ont été communiquées par M. le régent de Waldersbach.

ENSEIGNEMENT DANS LES ÉCOLES DE LA PAROISSE DE WALDERSBACH.

OBJETS D'ENSEIGNEMENT JOUR PAR JOUR, HEURE PAR HEURE.

LUNDI.	MARDI.	MERCREDI.	JEUDI.	VENDREDI.	SAMEDI.
1. Calcul.	Calcul.	Calcul.	Calcul.	Calcul.	Lire et traduire l'allemand en français.
2. Grammaire française.	Composition d'un conte moral.	Lecture française et analyse d'un passage.	Grammaire française.	Lecture française.	Grammaire.
3. Lecture française.	Grammaire française.	Dicter et corriger le passage analysé.	Dicter un chapitre de mots allemands.	Analyse grammaticale.	Notes et chant.
4. Géographie.	Lecture française.	Catéchisme.	Notes et chant.	Géographie.	Catéchisme.

La méthode est celle de l'enseignement simultané. Les livres dont on se sert pour la lecture : *Ami des enfants,* par Rochow; *Coup d'œil sur la Nature;* *l'Ordre de la grâce évangélique,* par Hollaz; *Simon de Nantua ou le Marchand forain,* par M. de Jussieu; *Histoire de la Bible,* par Hübner. Ces livres sont échangés tous les trois mois entre les cinq écoles.

Pour la traduction de l'allemand en français, on se sert d'un petit livre intitulé : *Unterricht in der Religion,* par M. Witz, pasteur à Colmar.

Pour le chant, on solfie les airs de nos cantiques spirituels, cinq par leçon, pendant trois mois, après quoi l'on prend les cinq suivants. Après avoir solfié, on chante quelques couplets d'un cantique, que l'on change aussi tous les trois mois.

La prière se fait à la fin de l'école par un des élèves.

avantages qu'offrent les écoles de la première enfance, devançant de près d'un siècle l'époque où nos villes, à l'exemple du Ban-de-la-Roche, se peupleraient de salles d'asile; digne précurseur de ses émules, Owen en Angleterre, Cochin en France, le premier il conçut l'idée de ces précieux établissements, qu'il confia à de saintes filles, sous le nom de *conductrices de l'enfance.*

Voici son propre langage : « Depuis deux ans que j'exerce mes fonctions, l'éducation négligée de tant d'enfants dans une vaste paroisse m'a toujours causé bien du chagrin. C'est un fardeau qui pesait sur mon cœur. Je fis longtemps des tentatives pour acheter ou pour bâtir une maison afin d'en faire une maison d'éducation; mais ce fut en vain. J'apprends, c'était en hiver 1769, que Sara Banzet de Belmont, qui avait été en condition chez mon devancier Stuber, y avait appris à tricoter très-proprement, chose assez rare au Ban-de-la-Roche; que, de son propre mouvement, elle enseignait le tricot aux enfants de son village, mais que son père le voyait d'un mauvais œil, à cause de la perte du temps : cette nouvelle me causa un véritable ravissement; j'allai trouver le père, et je fis un accord avec lui pour que sa fille entrât à mon service comme institutrice. »

Les salles d'asile étaient trouvées! Conjointement avec sa digne compagne, Magdeleine Salomé Witter, Oberlin forma une conductrice pour chaque commune. Il loua pour elles des chambres spacieuses, et les salaria à ses frais. C'est dans ces asiles qu'il voulut que les petits enfants s'amusassent entre eux sous une surveillance douce et maternelle. On y apprenait à parler, à lire, à compter, dessiner, colorier, à filer, à coudre, à tricoter. A chaque conductrice Oberlin fournit des estampes enluminées sur l'histoire sainte, l'histoire naturelle. Ici le chant accompagne le travail,

Le nombre des enfants qui fréquentent l'école dans les cinq communes s'élève à environ 400.

Nous devons à la complaisance du vénérable M. Legrand père une esquisse détaillée sur l'organisation actuelle des écoles primaires de Waldersbach.

Oberlin rédigeait, pour l'enseignement des classes supérieures, des cahiers, qui sont à la fois des documents de son vaste savoir et de la clarté de ses méthodes.

quelquefois on épèle par cœur, on raconte des histoires instructives à la portée de l'enfance; en été, on cueille des plantes dont on apprend le nom, les caractères, les vertus. On tâche de faire comprendre aux enfants la présence de Dieu en tout temps, en tous lieux; on leur donne de l'horreur pour le mensonge, le jurement, la désobéissance, le manque de respect aux pauvres, la malpropreté, la paresse, etc.

N'est-ce pas là ce qu'on fait dans nos salles d'asile? Le temps a marché et la perfection des méthodes actuelles est-elle autre que la perfection des asiles du Ban-de-la-Roche [1]? C'est donc au génie

[1] Extrait des Statuts de l'institution Oberlin. *Des Conductrices pour la jeunesse de la paroisse de Waldersbach, Ban-de-la-Roche.*

« Art. 9. Les conductrices réuniront les enfants depuis l'âge de trois ans jusqu'à sept ans, époque de leur entrée dans les écoles primaires, sans cependant en exclure les filles plus âgées pouvant servir de monitrices. Les réunions auront lieu deux fois par semaine, pendant trois heures, savoir : du 1er avril au 31 octobre, de une heure à cinq heures ; et, du 1er novembre au 31 mars, de une heure à quatre heures. Elles commenceront et finiront avec une prière.

« Les conductrices tâcheront de rendre familière aux enfants la prière du cœur sous l'assistance de celui qui a dit : *Laissez venir à moi les petits enfants.* Les conductrices s'appliqueront :

« 1° A développer dans le cœur des enfants les sentiments religieux, sources de toutes les vertus ; elles chercheront à les pénétrer de l'amour de Dieu, du respect et de la reconnaissance pour les auteurs de leurs jours, leurs instituteurs, leurs bienfaiteurs ; de charité chrétienne et de bienveillance envers leurs camarades. Pour obtenir ces résultats, elles appelleront l'attention des enfants sur les bienfaits journaliers du Créateur, sur les beautés et l'harmonie de la nature, sur les voies de la Providence dans les destinées humaines ; elles leur raconteront des histoires de la Bible, des contes moraux à leur portée, des traits de bienfaisance, etc.

« 2° Elles chercheront à leur inspirer l'amour de l'ordre, du travail, de la propreté, de la décence, de la bienséance, de la véracité, etc.

« 3° Elles exerceront la mémoire des enfants en leur faisant apprendre par cœur des petits couplets religieux et des maximes de morale, et en leur faisant répéter le lendemain les récits de la veille.

« 4° Elles chercheront à leur rendre l'usage de la langue française de plus en plus familier, et à les déshabituer de l'idiome local, inintelligible aux pays circonvoisins.

« 5° Elles leur feront chanter des cantiques pour les mettre à même de mêler leurs jeunes voix aux exercices du culte divin.

« 6° Dans les promenades, elles leur feront connaître les plantes indigènes,

philanthropique d'Oberlin qu'est due cette admirable institution ; c'est à lui qu'aujourd'hui tant de milliers d'enfants sont redevables des soins maternels dont ils sont l'objet. Mais il est un nom inséparable de celui d'Oberlin. Louise Scheppler, jeune paysanne d'un de ces hameaux, fut si vivement frappée des vertus de l'homme de Dieu que, bien qu'elle jouît d'un patrimoine assez considérable, elle lui demanda d'entrer à son service et de prendre part aux œuvres de sa charité. Dès lors, sans jamais accepter de salaire, elle ne le quitta plus. Devenue son aide, son messager, l'ange de toutes ces cabanes, elle y porta sans cesse tous les genres de consolation.

Le cœur et le dévouement de la femme sont nécessaires aux grandes œuvres ; les exemples abondent dans l'histoire. Alix Leclerc soutint l'œuvre de Fourier ; son image revit dans Louise Schep-

leurs propriétés, et leurs usages dans l'économie domestique, et fixeront surtout leur attention sur les plantes vénéneuses.

« 7° Elles veilleront, à défaut de parents, à la conduite morale des enfants dans les autres jours de la semaine et les exhorteront au bien.

« Pendant les réunions ci-dessus mentionnées, les enfants seront occupés constamment, et pendant l'instruction, à des travaux manuels appropriés à leur âge et au degré de leur capacité, tels que le tricot, etc.

« Art. 10. Outre lesdites réunions, il y en aura une troisième par semaine, pendant les cinq mois d'hiver, depuis une heure jusqu'à quatre, exclusivement consacrée aux filles de tout âge, dans laquelle les conductrices leur enseigneront les travaux des différents ouvrages de femme, tels que le filage, la couture, le raccommodage, les filets, la confection des divers objets d'habillement, la fabrication des chapeaux de paille, etc. Des chants et des lectures, faites à tour de rôle par les élèves, charmeront ces travaux.

« Art. 11. L'instruction et la direction des conductrices sont spécialement confiées au zèle de Louise Scheppler, formée elle-même à ces fonctions par feu M. et Mme Oberlin, et qui, depuis quarante-huit ans, les a remplies avec le dévouement religieux le plus louable, à l'entière satisfaction du défunt. Mme Rauscher, née Oberlin, épouse de M. le ministre actuel de Waldersbach, est priée de concourir par ses lumières à la prospérité de l'institution ; les épouses et sœurs des membres du comité sont appelées à surveiller l'instruction et à communiquer au comité tout ce qui leur paraîtra propre à son perfectionnement.

« Le comité est composé de M. Rauscher, pasteur actuel de Waldersbach, président ; MM. Legrand père, Legrand (Daniel), Legrand (Frédéric), fabricants à Fouday ; M. Oberlin, fils du défunt ; M. Herreinschneider, professeur à Stras-

pler. La voilà s'associant aux conductrices formées par Oberlin, pour diriger les enfants en bas âge pendant que les parents vaquaient à leurs travaux. Cette institution devint très-florissante au Ban-de-la-Roche ; mais longtemps ce germe de la bienfaisance y resta enseveli avant d'éclore. Il fallut qu'un homme de bien, qui portait la célébrité d'un grand nom, recueillît l'œuvre de la servante obscure.

Néanmoins, si Denys Cochin fonda des asiles à Paris, s'il en fut l'infatigable propagateur; à Oberlin, à Louise Scheppler l'honneur de les avoir créés. Aussi, par un concours providentiel, à quatre années d'intervalle, l'Académie française décernait le prix des bonnes actions à cette humble villageoise, qui avait trouvé dans son cœur la pensée des asiles ; et le prix des bons livres, au magistrat illustre qui avait fait sortir de cette pensée toute une institution[1].

bourg, gendre de feu le pasteur Stuber ; M. Kammerer, libraire, à Strasbourg, membre et représentant de la famille Treuttel et Würtz, à Paris. »

[1] Le prix des bonnes actions fut décerné à Louise Scheppler en 1829. Elle dépensa toute la somme de 5,000 francs, qu'elle reçut de l'Académie, en œuvres de charité ; elle y ajouta même du sien.

Le prix des bons livres sur les salles d'asile fut décerné quatre ans plus tard, en 1833, à M. Cochin.

A l'occasion du prix décerné à Louise, le *Courrier du Bas-Rhin,* du 6 septembre 1829, parlant de l'institution des conductrices, disait : « L'honneur d'une idée qui a déjà tant fructifié, et qui sera bientôt adoptée partout, est entièrement dû à Louise Scheppler, à cette pauvre paysanne de Bellefosse ; elle y a consacré le peu qu'elle possédait, et, de plus, sa jeunesse et sa santé. »

Louise avait à peine lu cet article, qu'elle attacha à l'exemplaire de ce journal, qui circule à Waldersbach, un papier avec les lignes suivantes :

« Je prie les lecteurs de cet article de prendre en considération que c'est Mme la ministre Oberlin, défunte, qui a bien voulu jeter les yeux sur moi, et me prendre à son service, que c'est son exemple et ses exhortations qui m'ont inspiré le goût du beau et du bon, l'amour de la vertu et le dévouement de mon divin Sauveur, que c'est notre digne et respectable pasteur et papa Oberlin qui a porté longtemps sur son cœur le désir de former des conductrices, afin de faire instruire la jeunesse par elles, et qu'ayant enfin pu le mettre en exécution, je n'ai pas même été une des premières chargée de cette commission si importante et si utile.

« Ainsi, honneur et gloire au Seigneur Notre Dieu, l'auteur et la source de

Nous avons vu Oberlin ouvrant gratuitement des écoles et des salles d'asile aux enfants, aux jeunes gens, aux adultes. Chaque dimanche il les réunissait ainsi autour de lui pour leur donner des leçons lui-même. Là est encore la première création des écoles du dimanche, des classes d'adultes, cet enseignement qui se réveille de nouveau, et qui, sous l'inspiration d'un ministre libéral, et avec le concours des hommes généreux qui l'encouragent, va bientôt avoir place dans toutes les écoles de l'Empire[1]. Oberlin alla plus loin, il fonda une bibliothèque où étaient rassemblés les ouvrages les plus utiles, pensée heureuse qui se conserve aujourd'hui, œuvre que deux ministres, un siècle après Oberlin, ont entreprise et fondée sous le nom de *Bibliothèques scolaires*[2].

Enfin l'horticulture, cette source de jouissances et de profits, n'échappa pas aux vues de notre philanthrope. Il fit de son jardin une pépinière d'arbres de toutes espèces. Le goût des plantations s'étant répandu, il enseigna aux enfants l'art de greffer, de planter, et le diligent pasteur exige qu'ils en aient planté deux avant

toutes les vertus, gratitude et reconnaissance à notre cher et vénéré pasteur et papa défunt et à sa vertueuse épouse ; mais à moi confusion ! »

« Waldersbach, ce 10 septembre 1829.

« Louise SCHEPPLER, conductrice. »

Comme je me trouvais alors au Ban-de-la-Roche, elle me pria même d'écrire en son nom à M. le rédacteur du *Courrier du Bas-Rhin*, pour rectifier ce fait, tant elle tenait à cœur de ne pas laisser enlever la plus petite portion de gloire à son cher papa Oberlin.

M. de Jouy, qui, dans son *Ermite en province*, a aussi parlé d'Oberlin, dit de Louise : « Cette femme, dont la figure paisible annonce la santé et le bonheur, est âgée de plus de soixante ans ; libre, sans trop de familiarité, elle place son mot dans la conversation. Ce sont les mœurs patriarcales dans toute leur franchise, dans toute leur pureté.

« Oui, le monde ne compte peut-être que peu de personnes aussi respectables que notre chère Louise : beaucoup d'aménité dans les manières, des connaissances variées, un cœur excellent, des sentiments religieux profonds, une assiduité, un zèle infatigables, telles sont les qualités qui la distinguent ; elle est à la fois Marthe et Marie. »

[1] Circulaire de Son Exc. M. Duruy aux préfets, relative aux classes d'adultes, en date du 13 août 1864.

[2] Arrêté de M. le ministre de l'instruction publique, en date du 1er juin 1862.

de leur donner la confirmation. Le jour où ils peuvent lui en donner les premiers fruits est un des plus beaux de leur jeunesse; nouvel enseignement qu'une récente mesure vient de réorganiser dans nos écoles normales[1]. C'est ainsi que toutes les améliorations que l'on s'efforce d'introduire aujourd'hui dans nos écoles existaient, il y a près d'un siècle, dans un coin obscur des Vosges. Aussi l'aspect de cette contrée fut-il bientôt transformé! La patience du montagnard transporta des rochers pour en faire la clôture des terres qu'il livrait à la charrue et à la bêche; l'eau fut distribuée avec art dans des prairies conquises sur les roches expulsées.

Des chemins furent tracés partout, et l'industrie, qui fait aujourd'hui de ce canton l'un des plus riches de la France, y fut introduite à la même époque par un des amis d'Oberlin[2], M. Legrand, membre du gouvernement de Bâle. Disciple du professeur Nesemann, directeur de l'institut de Reichenau, en Suisse, ami de Basedow et de Pestalozzi, M. Legrand était l'homme qu'il fallait à Oberlin pour l'assister dans ses travaux et ses soins pour les écoles. Dès lors ils ne se quittèrent plus; et cette utile association a laissé des traces ineffaçables dans la contrée qu'ils ont enrichie.

Le bruit des miracles opérés au Ban-de-la-Roche se répandait partout[3].

En l'an II et en l'an III de la République, la Convention, sur la proposition de plusieurs de ses membres, décréta : « Une mention

---

[1] Circulaire de Son Exc. M. Duruy, en date du 22 décembre 1864, relative à l'enseignement de l'horticulture dans les écoles normales.

[2] Par une circonstance fortuite, Henri Oberlin, fils de notre vénéré pasteur, fit la rencontre d'un M. Legrand. Les récits du jeune Oberlin sur son père lui avaient laissé une heureuse impression; il se décida à visiter ce digne patriarche, et, à la suite de sa visite, tout l'établissement de M. Legrand fut transféré au Ban-de-la-Roche.

[3] Le 19 frimaire an III un membre de la Convention cite le trait suivant :

« Plusieurs habitants de la vallée dite *le Ban-de-la-Roche*, trop pauvres pour faire des dons patriotiques considérables, ont imaginé un moyen nouveau pour témoigner à la République leur reconnaissance pour le bienfait de la liberté. Ce moyen prouve en même temps la pureté du cœur, l'attachement à la patrie, et

honorable au brave citoyen, véritable ami de l'humanité, qui s'est dévoué à la servir[1]. »

Sous l'Empire, nous voyons les administrateurs du Bas-Rhin et des Vosges s'empresser de recourir aux lumières du pasteur vénéré[2]. On trouve dans sa correspondance les noms de l'empereur de Russie, de Lezay-Marnésia, Boula de Coulomniers, d'Andrezel et de Gérando.

En 1818 la Société royale et centrale d'agriculture lui décerna une grande médaille d'or, sur le rapport du comte François de Neufchâteau, son vice-président. Ce rapport commence ainsi :

« Voulez-vous connaître un modèle de ce qu'on pourrait faire dans toutes les campagnes pour le bien de l'agriculture et de l'humanité? Quittez un moment, en idée, les rives de la Seine. Permettez que je vous transporte sur un des sommets les plus âpres des montagnes des Vosges; amis de la charrue, amis du bien public, venez voir le Ban-de-la-Roche. »

la politique éclairée de cette petite section du peuple français, à laquelle la bêche et la charrue ont conservé un corps sain, tandis qu'une instruction pareille à celle que vous venez de décréter pour toute la République a cultivé leur esprit.

« Ces citoyens sont convenus qu'ils perdraient 2 sous par assignat de 5 livres toutes les fois qu'il changerait de main, en sorte qu'il devient nul quand il a changé cinquante fois de main, pour être anéanti au profit de la nation. » Plus de 78,000 livres en assignats furent ainsi retirés de la circulation par les soins d'Oberlin ; aussi, dans la même séance, on lui décréta une mention honorable.

En l'an II, le 9 thermidor (27 juillet 1794), un nouveau pacte fut conclu entre l'humanité et la liberté: assez de sang avait coulé.

[1] Les vertus, les mœurs, les sciences et les arts trouvèrent des défenseurs, et Oberlin ne resta pas inaperçu. Un membre de la Convention, en parlant des moyens de propager l'instruction publique, cita le nom d'Oberlin en ces termes :

« Ce brave homme, quoique pauvre, se croirait offensé si on lui offrait une récompense pécuniaire; mais le récit de ce fait, inséré au procès-verbal, et la mention honorable, sont les seules récompenses qui peuvent plaire à un véritable ami de l'humanité qui, comme Oberlin, s'est dévoué à la servir. » Cette proposition fut adoptée.

[2] Des relations fréquentes et une correspondance s'établirent entre lui et MM. Laumont et Lezay-Marnésia, préfets du Bas-Rhin; Cunier, sous-préfet de Saint-Dié; Bégel, recteur de l'Académie de Nancy; le maire de Strasbourg; Boula de Coulomniers, préfet des Vosges; d'Andrezel, Keutzémo et le baron de Gérando.

Les services d'Oberlin furent signalés à Napoléon, mais trop tard, et ce fut le gouvernement de Louis XVIII qui eut l'honneur de lui accorder une décoration qu'il méritait à tant d'égards[1].

Enfin la compagnie que j'ai l'honneur de représenter ici, la Société d'émulation des Vosges, le compta au nombre de ses membres dès l'année 1825.

Ces honneurs, il ne les rechercha jamais, ils allèrent le trouver. *Marcher avec humilité devant Dieu*, telle fut sa devise. Sa joie la plus grande ne fut pas dans les récompenses que décernent les hommes, mais dans le bien qu'il pouvait leur faire.

Cette vie si pleine devait se terminer : la Providence prononça, et, le 1er juin 1827, le patriarche du Ban-de-la-Roche, le bon pasteur dit adieu à son troupeau ; il était âgé de quatre-vingt-six ans.

La mort d'Oberlin répandit la tristesse dans toute la contrée.

Aujourd'hui il repose dans le cimetière de Foudai ; une pierre rectangulaire recouvre ses restes. On y lit son nom, et, au-dessous, ces mots : « Il fut pendant 60 ans le *père* de ce canton. » Ce nom lui reste, comme il reste à Pierre Fourier. La gloire de l'un n'éclipse pas celle de l'autre ; tous deux marchent de concert à l'estime et à la reconnaissance de leurs concitoyens. Il appartient à notre époque, à un gouvernement libéral et juste, de réparer ce que n'ont que trop oublié les législateurs d'autrefois. De nobles efforts se tentent en ce moment pour combler cette triste lacune ; des voix autorisées et éloquentes s'élèvent pour réhabiliter la femme par l'école. C'est en effet par les écoles de filles que la vie de famille s'établit et se fortifie. Comme Fourier, soyons justes envers les filles, comme envers les garçons ; elles ont les mêmes droits qu'eux à l'éducation. Ce sont elles qui charment le foyer domestique, qui donnent au mari une compagne, un moyen

---

[1] L'ordonnance du 1er septembre 1819 porte que le digne pasteur de Waldersbach emploie depuis cinquante-trois ans de constants efforts pour améliorer l'état de ses paroissiens ; que l'on doit à son zèle et à ses lumières les établissements d'instruction primaire fondés dans cette contrée, ceux de plusieurs branches d'industrie, de meilleurs procédés agricoles, des routes ; qu'enfin, c'est à ses soins éclairés que cette contrée, jadis peu féconde, doit son aspect heureux et florissant.

de combattre victorieusement le libertinage et le cabaret. Par elles nous donnerons une mère aux enfants, nous rendrons la force et la santé à la race qui s'étiole, et nous raviverons la séve morale de la société moderne.

Fourier l'avait compris il y a deux siècles. Hélas! que de temps perdu! que de ravages opérés! L'exemple nous vient de loin et de haut; secouons notre indifférence et mettons notre gloire à le suivre.

Hâtons-nous cependant de le reconnaître, l'influence de ces deux ministres n'a pas été stérile; elle s'est exercée visiblement dans les Vosges, notamment dans les deux contrées habitées par eux. L'arrondissement de Mirecourt, où Fourier a passé sa vie, est entré l'un des premiers dans la voie tracée par lui, et le canton de Schirmeck est encore un exemple vivant de ce qu'ont pu les vertus d'Oberlin.

A Mirecourt, un groupe d'hommes de cœur forma, dès 1825, une société pour la propagation de l'instruction primaire. Le duc de Choiseul, qui habitait alors les Vosges, le comte Henri Boulay de la Meurthe en furent les protecteurs. Les rapports de cette société avec la société pour l'instruction élémentaire de Paris, les instituteurs qu'elle a envoyés au loin pour étudier les méthodes d'enseignement, les récompenses qu'elle a décernées ont propagé autour d'elle les idées saines et le goût de l'instruction. C'est sous son inspiration que le duc de Choiseul obtint, cinq ans avant la loi de 1833, la création d'une école normale primaire à Mire-court.

Citée avec éloges, en 1842, comme l'une des meilleures de France, dans le remarquable rapport de M. Villemain, alors ministre de l'instruction publique, elle continue son rôle de pro-grès, et plus de 150,000 francs viennent d'être dépensés par le département pour l'installer dans un nouveau bâtiment élevé près de Mirecourt, dans un vaste jardin.

Aujourd'hui les instituteurs qui en sont sortis peuplent nos écoles. Toutes les communes ont satisfait aux prescriptions de la loi : les plus petites ont leur salle de classe. Plus de 170 communes, d'une population inférieure à 800 habitants, ont aussi les sexes séparés. Pour 548 communes, il y a 3o6 écoles publiques de filles. Si la même proportion existait dans tous les départements, la France en compterait 21,000 au lieu de 14,000. Les Vosges sont donc en avance d'un tiers.

Et cette situation ne date pas d'hier; elle dure depuis longtemps; ce qui prouve que l'exemple des hommes de bien qui ont illustré nos contrées n'a pas été perdu.

Voilà pour le département; précisons davantage, retournons au seul canton de Schirmeck où l'influence d'Oberlin est de date plus récente. Ce canton, l'un des plus petits des Vosges, est aujourd'hui l'un des plus riches du département. En l'an XII de la République, sa population n'était que de 8,354 habitants; elle atteint aujourd'hui 13,417, répartis dans douze communes. L'industrie cotonnière introduite par Oberlin et Legrand y compte 2,000 ouvriers, fabriquant annuellement pour plus de 4 millions de marchandises.

Pour ces 12 communes, il y a 20 écoles de garçon, 14 écoles de filles et 11 salles d'asile; c'est, on peut le proclamer hautement, le premier canton de France pour l'instruction primaire.

Par une heureuse convention, aujourd'hui même les ministres de la religion ont trouvé moyen, dans ce canton privilégié, d'assurer une fréquentation régulière de l'école. D'un accord commun ils ont résolu de n'admettre à la première communion que les enfants qui sont reconnus avoir fréquenté régulièrement les classes au moins pendant les trois années consécutives qui la précèdent. Ils ont pu faire comprendre aux parents et aux fabricants du pays qu'une instruction solide donnerait à leurs enfants le moyen de gagner plus honorablement leur vie et à la fabrique des jeunes gens bien préparés, des ouvriers laborieux et honnêtes. L'appât d'un gain prématuré n'a pas prévalu; la raison, secourue par une éloquence persuasive, a triomphé des obstacles et des entraînements du jour.

Enfin, dans une occasion récente, un mouvement de bienfaisance s'y est manifesté. En 1864 a été établie une société de secours mutuels entre les instituteurs et les institutrices de tout le département. Tous en sont devenus membres; et sur 41 personnes qui des 3o cantons s'y sont associées, le seul canton de Schirmeck en a fourni 25.

Pourquoi ce mouvement? Parce que l'instruction et les instituteurs y sont en honneur, parce que les hommes de bien qui l'habitent suivent les traces du vieux pasteur, parce que les traditions de vertu et de bienfaisance ne sont pas perdues pour les peuples.

C'est le mobile qui m'a déterminé à écrire ce mémoire. Ce qui a été fait dans un pays, dans un canton, peut se faire dans d'autres. Une contrée doit avoir sa légende, un peuple son histoire.

Là est la science pour laquelle il n'y a pas d'esprits rebelles, ni de terrains stériles. Nul n'est censé ignorer la loi, dit-on, au nom de l'ordre public. On devrait ajouter, nul n'est censé ignorer l'histoire de son pays, car, si la connaissance des lois donne la conscience des droits privés, la connaissance de l'histoire donne la conscience des droits publics; elle est l'exemple et la leçon des peuples. Mais l'histoire ne s'apprend pas seulement dans les livres, elle est dans les monuments. Pourquoi les traits de Fourier et d'Oberlin ne revivraient-ils pas sous le marbre ou le bronze?

Dans nos contrées, l'image du bienheureux père de Mattaincourt est dans toutes les familles; une église monumentale, due à la piété des fidèles, recouvre sa tombe, et le prêtre pieux, béatifié, repose au centre de la paroisse qu'il a édifiée. Ce monument est impérissable et plein d'enseignements, digne enfin du fondateur des écoles de filles. Oberlin est trop oublié.

Pourquoi sa statue ne s'élèverait-elle pas sur un des sommets du Ban-de-la-Roche? Son souvenir est dans les cœurs; mais à côté de sa tombe devrait s'élever, aux regards de tous, l'image vénérée du véritable fondateur des salles d'asile de France.

Pour ne pas rester ingrats, pour en perpétuer la mémoire, qu'on lise sur le bronze les bienfaits du pasteur évangélique, comme on lit sur les murs de l'église de Mattaincourt les bienfaits du ministre de Jésus-Christ.

Tous deux ont parlé au nom de la religion; leur apostolat fut un apostolat de paix, de concorde et de progrès.

La civilisation par la charité et l'Évangile, le bonheur et le bien-être des masses par l'instruction, tel fut leur but. Instruire la jeunesse : *liberos erudire,* comme dit Cicéron, c'est le plus grand service qu'on puisse rendre à la patrie; et tout n'est pas fait pour peu qu'il reste quelque chose à faire.

Utile à l'homme dans tous les lieux, à toutes les époques, l'instruction devient une nécessité dans un pays d'égalité et de suffrage universel.

Qu'au moins lire, écrire et compter ne constituent plus un privilége, et qu'enfin disparaisse de nos statistiques ce fatal 27 p. o/o, bilan de l'ignorance. Que la lumière dissipe ce fléau, que la guerre lui soit déclarée partout, que le budget en couvre largement les frais; c'est la guerre, mais une guerre pacifique et féconde, la guerre qui vide les prisons, qui dépeuple les cabarets, qui enrichit le foyer et qui peut fermer l'ère des révolutions.

A l'œuvre donc, successeurs de Fourier et d'Oberlin ! Témoins de leurs bienfaits, héritiers de leur exemple, que leur dévouement nous guide, et que, dans un effort commun, sous l'inspiration d'un ministre éclairé, tous les hommes de cœur conspirent contre l'ignorance; qu'ils emploient au profit de l'instruction populaire une partie des biens dont la Providence les a dotés : ils auront bien mérité de la patrie et acquis des droits à la reconnaissance publique.

Imprimerie impériale — 1865.